WET VAN PARKINSON

BELANGRIJKE INFORMATIE

- **Naam:** wet van Parkinson

- **Toepassingen:** overheidsbeheer, administratie, openbare diensten, personeelsbeheer

- **Waarom is het succesvol?** Het is een humoristische, maar zeer overtuigende theorie over de neiging van administratie om te groeien, ongeacht de hoeveelheid werk die daarvoor nodig is.

- **Trefwoorden:** ambtenaar, administratie, arbeidstijd, overheidsmanagement, bureaucratie

INLEIDING

De wet van Parkinson verbrijzelt de traditionele ideeën over arbeidstijd en benadrukt op humoristische wijze het functioneren van de bureaucratische administratie in de tweede helft van de 20ste eeuw.

Vol Britse humor en uit een periode waarin de perverse effecten van de bureaucratie aan de kaak werden gesteld (denk aan de beroemde roman "1984" van George Orwell, gepubliceerd in 1949), publiceerde Cyril Northcote Parkinson (1909 – 1993), een Brits historicus, in 1955 een artikel waarin hij de wet van Parkinson presenteerde. De wet stelt dat het aantal ambtenaren met een bepaalde snelheid groeit (geproduceerd door een fantasierijke wiskundige formule), ongeacht de hoeveelheid werk die er te doen is.

 ## DEFINITIE VAN HET BEGRIP

De wet van Parkinson is gebaseerd op drie verklaringen:

* een persoon met een taak zal alle beschikbare tijd gebruiken om die taak af te maken

* werknemers hebben altijd liever een ondergeschikte dan een rivaal

* werknemers creëren wederzijds werk

Deze drie verklaringen leggen de natuurlijke neiging uit om het aantal personeelsleden te verhogen. Hoewel hij grotendeels humoristisch is, heeft de wet van Parkinson het voordeel dat hij de ontwikkeling van de bureaucratie begrijpelijk verklaart.

THEORIE

De staat voorziet in taken voor de overheid (justitie, politie, diplomatie, …). Naast deze historische functie zijn in de loop van de 20ste eeuw sociale voorzieningen ontwikkeld voor onderwijs, gezondheidszorg, ziekteverzekering en pensioenen. Hoewel die tweede functie van land tot land verschilt, is zij overal in Europa terug te vinden onder de naam "verzorgingsstaat".

Om deze omvangrijke operatie in goede banen te leiden zijn functionarissen nodig: de ambtenaren. In Frankrijk worden daarmee bijvoorbeeld de leden van de drie overheidsdiensten bedoeld (staat, ziekenhuis en territoriaal), maar meer in het algemeen gaat het, in niet-juridische zin, om ambtenaren. Deze nuancering is nodig om de reikwijdte van de door een Britse auteur gecreëerde wet van Parkinson te begrijpen, aangezien de term ambtenaar in andere landen anders wordt opgevat.

 ## PERSONEEL VAN DE DRIE OVERHEIDSDIENSTEN IN FRANKRIJK

In 2013 had Frankrijk 2,3 miljoen ambtenaren, 1,14 miljoen ziekenhuisambtenaren en 1,8 miljoen territoriale ambtenaren in dienst, dus in totaal 5,24 miljoen mensen. Deze cijfers zijn inclusief de eigenaren en aannemers.

Bij een economische benadering moeten ook de werknemers van door de overheid gefinancierde particuliere structuren voor openbare diensten worden meegerekend. Het totaal bedraagt dan ongeveer 6 miljoen mensen, wat neerkomt op zo'n 25% van de werkgelegenheid in loondienst in Frankrijk.

Instinctief schrijft de rede voor dat de overheid personeel in dienst neemt voor de taken die zij haar wil toevertrouwen. Logischerwijs zou een toename van het aantal personeelsleden moeten overeenkomen met een toename van de actieradius van de betrokken overheid. De wet van Parkinson is in het leven geroepen om dit idee tegen te gaan.

In het artikel dat hij in 1955 publiceerde in het gerenommeerde tijdschrift "The Economist", construeerde Cyril Northcote Parkinson precies de tegenovergestelde redenering. Volgens hem bedraagt de toename van het aantal ambtenaren elk jaar ongeveer 5,7%, ongeacht de hoeveelheid werk die het personeel krijgt.

In zijn betoog wisselt Parkinson serieuze gegevens af met een duidelijk verlangen om de lezer te amuseren. In het voorwoord voor de Franse editie van een boek over de wet van Parkinson, dat begin jaren tachtig verscheen, citeert de grote econoom en demograaf Alfred Sauvy (1898 – 1990) ook Raymond Devos (Franse humorist, 1922 – 2006) en Jacques Tati (Franse scenarioschrijver en acteur, 1907 – 1982) gewilliger dan de Britse klassieke economen Adam Smith (1723 – 1790) en David Ricardo (1772 – 1823) en rangschikt hij Parkinson onder de grootste fantasten van die tijd. Deze fantasie is echter meer een demonstratie van Britse humor dan een conclusie op zich en is een klassieke referentie geworden in het openbare bestuur.

Als uitgangspunt voor zijn redenering wijst Cyril Northcote Parkinson erop dat hoe meer tijd een individu heeft om een taak uit te voeren, hoe langer de taak hem zal kosten. Hij illustreert dit met het voorbeeld van een oudere vrouw en een jonge man die elk een ansichtkaart moeten versturen. De kaart kiezen, de tekst schrijven, de kaart frankeren en de kaart versturen: al deze handelingen zullen zeker een hele dag in beslag nemen voor de persoon die niets anders te doen heeft met zijn dag, ook al zal de taak niet meer dan een half uur in beslag nemen voor een zeer druk bezet persoon. Er is dus geen correlatie tussen de hoeveelheid werk die nodig is en het personeel dat wordt gekozen om het werk uit te voeren: dit is het efficiëntiebeginsel.

De wet van Parkinson is gebaseerd op twee andere verklaringen:

- **Staatsambtenaren hebben altijd liever een ondergeschikte dan een rivaal.** Deze stelling wordt aangetoond in het artikel van Parkinson. Als een ambtenaar - terecht of onterecht - vindt dat hij te veel werk heeft, zijn er drie mogelijkheden:

  - de positie verlaten

  - verzoeken dat een andere werknemer wordt aangenomen

- vragen naar een ondergeschikte

  Om redenen die verband houden met zijn carrière en mogelijke promoties zal hij de voorkeur geven aan een ondergeschikte boven een collega die als rivaal zou worden beschouwd. Ook zal hij, om ervoor te zorgen dat er geen rivaliteit ontstaat tussen hem en zijn ondergeschikte, de voorkeur geven aan twee ondergeschikten. Hetzelfde probleem zal zich enkele jaren later met deze beide nieuwe aanwinsten voordoen, zodat er in korte tijd vijf mensen zullen werken, in plaats van de ene persoon die er kort tevoren werkte.

- **Ambtenaren creëren wederzijds werk.** De uitbreiding van het personeel leidt tot zwaardere bureaucratische procedures die later het besluit tot aanwerving rechtvaardigen. Als de werknemer veel werk heeft na de aanwerving van twee ondergeschikten, moet hij vooraf overweldigd zijn geweest. Maar volgens Parkinson komt een aanzienlijk deel van zijn werklast van zijn nieuwe aanwervingen, omdat er nu veel meer stadia van validatie zijn.

Uit deze twee trends vormde Parkinson de wet waaraan hij zijn naam gaf en die hij uitdrukt in een wiskundige formule:

$$(2k^m + l) / n$$

- k staat voor het aantal werknemers dat promotie zoekt door ondergeschikten aan te stellen om hen te helpen

- *l* staat voor het verschil tussen de leeftijd bij aanstelling en de pensioengerechtigde leeftijd

- *m* staat voor het aantal uren dat wordt besteed aan het beantwoorden van memo's binnen de afdeling

- *n* staat voor het aantal nieuwe werknemers dat elk jaar nodig is

Om het groeipercentage te vinden, wordt het product met 100 vermenigvuldigd en vervolgens gedeeld door het totaal van het voorgaande jaar (genoteerd als *yn*), wat de volgende formule oplevert:

$$100(2k^m + p) / yn$$

Volgens de wet van Parkinson ligt dit percentage tussen 5,17% en 6,56%, ongeacht een eventuele variatie in de hoeveelheid werk.

BEPERKINGEN EN UITBREIDINGEN

Wat is de reikwijdte van de wet van Parkinson? De wetenschappelijke uitstraling van de theorie accentueert het provocerende karakter ervan. Maar hoewel ze humoristisch bedoeld is, wordt ze toch gebruikt in beschouwingen over bureaucratie en de negatieve effecten ervan.

BEPERKINGEN EN KRITIEK

Kwantificering en groeisnelheid

De methodologische zwakte van de door Parkinson gecreëerde wet is gemakkelijk vast te stellen, aangezien de meeste waarden van de vergelijking niet kunnen worden bepaald. Hoe kunnen we eigenlijk ambtenaren die promotie willen kwantificeren? Daarvoor zou een instrument voor het lezen van gedachten nodig zijn, waarover de Staat nog niet helemaal beschikt. Ook het meten van het aantal uren dat wordt besteed aan het beantwoorden van memo's is een leuke gedachte, maar het zou betekenen dat moet worden gesorteerd tussen nuttige en productieve antwoorden en antwoorden waar de ambtenarij het zonder kan stellen.

Het resultaat van de vergelijking, een groeipercentage tussen 5,17% en 6,56%, moet dus niet op zijn waarde worden geschat. In een artikel dat ongeveer 20 jaar na de invoering van zijn wet werd gepubliceerd, probeerde Parkinson aan te tonen dat deze wet werkte. Hij bestudeerde het personeel van de Britse overheid en erkende zelf de zwakte van de statistische basis waarop hij zijn redenering had opgebouwd. Toch concludeerde hij de geldigheid van de wet door het personeel van enkele Britse overheden, met name het ministerie van Defensie, te analyseren. Dat artikel had echter opnieuw een sterk satirische dimensie, waardoor men erom kon lachen.

We moeten daarom vooral de logica van de wet van Parkinson behouden, zonder ons te veel te concentreren op de wiskundige formule, waarvan de bedoeling waarschijnlijk meer humoristisch dan wetenschappelijk is. Laten we daarom eens kijken naar de belangrijkste dingen die we van Parkinson kunnen leren:

- De uitvoeringstijd van een taak komt meestal overeen met de werkelijke tijd die beschikbaar is om het werk te voltooien.

- In een bureaucratisch systeem heeft het personeelsbestand de neiging snel te groeien, als gevolg van de promotiestrategieën van de huidige werknemers, maar ook door het grotere aantal procedures die de toename van het aantal mensen dat aan een taak is verbonden rechtvaardigen. Dit streven naar meer ambtenaren leidt tot een economische impasse. Deze posten worden namelijk gefinancierd door verplichte automatische afschrijvingen die dus een opwaartse trend volgen en een drempel bereiken die het economische systeem verstikt.

Ontoepasselijkheid op het bedrijf en onbekendheid van het management

De wet van Parkinson kan niet worden toegepast op een onderneming die te kampen heeft met productiviteitsbeperkingen en een toenemende variatie in de werkgelegenheid. Integendeel, deze onderneming zal eerder geneigd zijn haar personeelsbestand te verminderen dan te vergroten. De wet van Parkinson komt in werkelijkheid niet overeen met technieken op het gebied van management en human resources. Die technieken werken aan het motiveren van teams om de productiviteit te verhogen. Ze bestrijden dus de neiging om de benodigde tijd voor een bepaalde taak te verlengen.

VERWANTE MODELLEN EN UITBREIDINGEN

De wet van Parkinson is nog steeds beroemd. Wij kunnen dus andere wetten of principes benaderen die, voor sommigen, actuele terminologie gebruiken en waarvan de veronderstellingen teruggrijpen naar die van Parkinson.

- In 1970 formuleerde **Laurence J. Peter** (Canadees onderwijzer, geboren in 1941) het principe waaraan hij zijn naam gaf, het *Peter Principle*. Wanneer competente werknemers worden gepromoveerd naar een hogere positie, komt er altijd een moment dat de posities in een bedrijf (vooral op managementniveau) worden bemand door incompetente werknemers. Dit principe is vergelijkbaar met de wet van Parkinson in die zin dat het betrekking heeft op de bevordering van ambtenaren.

- In 1975 publiceerde **Frederick Brooks** (computeringenieur en universiteitsprofessor, geboren in 1931) een boek getiteld "The Mythical Man-Month". Hij legt uit hoe het toevoegen van personeel aan een reeds vertraagd project de uiteindelijke vertraging alleen maar vergroot. Hij bekritiseert de meeteenheid die vaak in het projectbeheer wordt gebruikt, namelijk die van man-maanden, d.w.z. de hoeveelheid werk die een persoon in één maand verricht. Deze hoeveelheid is echter grotendeels afhankelijk van de algemene organisatie van het project, de werkomstandigheden, ... Die conclusie heeft raakvlakken met de verklaring van Parkinson over de uitbreiding van het werk om de beschikbare tijd te vullen. Deze benadering is ook vergeleken met sommige wetten over de uitbreiding van gassen, maar die parallel is meer een vergelijking dan een overeenkomst.

- Als men Parkinson beschouwt als een schrijver over iets wat het midden houdt tussen humor en economie, kan men hem ook vergelijken met **Auguste Detoeuf** (industrieel en schrijver, 1883 – 1947). Hij was de auteur van verschillende gezegden- en gedachtenbundels en had gestudeerd aan de École Polytechnique om vervolgens het bedrijf *Alsthom* op te richten. Zijn teksten staan vol beschouwingen uit het bedrijfsleven, met verschillende verwijzingen naar tijd en hoe die het best te gebruiken. Deze humoristische gedachten lijken vaak op de benadering van de wet van Parkinson over de uitbreiding van de tijd die nodig is om een bepaalde taak te volbrengen.

In de wereld van de sociale wetenschappen hebben verschillende auteurs sinds het begin van de 20ste eeuw de effecten van bureaucratie bestudeerd en bevindingen gedaan die vergelijkbaar zijn met die van Cyril Northcote Parkinson. Drie van hen zijn hier het vermelden waard.

- Volgens **Max Weber** (Duits socioloog, 1864 – 1920) leidt de opkomst van het kapitalisme tot een nieuw soort gezag. Terwijl feodale samenlevingen op persoonlijk gezag gebaseerd zijn en despotische regimes (zoals het Bonapartisme) op charismatisch gezag, genereert het kapitalisme gehoorzaamheid aan de regel, het zogenaamde rationele gezag. Iemand heeft zeggenschap op grond van de positie die hij in de hiërarchie inneemt en de bevoegdheden die aan die positie verbonden zijn. De term bureaucratie verscheen toen, gebruikt door Max Weber, zonder pejoratieve connotaties, om de groeiende rol van overheidsadministratie en bedrijven in moderne samenlevingen te beschrijven. Omgekeerd beschouwt hij de bureaucratie als de meest succesvolle sociale vorm, omdat zij gebaseerd is op een rechtsstaat en de betrokkenen helpt te overleven.

- De benadering van **Ludwig van Mises** (Oostenrijks-Amerikaans econoom, 1881 – 1973) is veel kritischer. In 1944 hekelde hij in "De bureaucratie" het toenemende gewicht van de overheidsdiensten in de hedendaagse economieën en de belemmering die zij vormen voor de groei van de economische activiteit. Deze tekst kan Parkinson hebben geïnspireerd, die beweerde een regel te hebben ontwikkeld die de groei van het aantal ambtenaren verklaarde en zich zorgen maakte over een tijd waarin deze categorie de gehele beroepsbevolking zou vertegenwoordigen.

- De Franse socioloog **Michel Crozier** (1922 - 2013) toonde in zijn onderzoeken aan hoe de ambtenaren in een bureaucratisch systeem zich geleidelijk losmaken van de regels om ruimte voor vrijheid te ontwikkelen. Dat onderzoek kan verklaren waarom werknemers van grote organisaties steeds meer tijd nodig hebben om hun werk af te maken, waardoor de voorwaarden ontstaan voor het aannemen van nieuwe functionarissen, zoals beschreven door Parkinson.

Sinds de jaren zeventig houdt de theorie van het nieuwe overheidsbeheer zich bezig met het beheer van het openbaar bestuur, waarbij gezocht wordt naar moderniseringsmethoden die grotendeels geïnspireerd zijn op het beheer van particuliere ondernemingen. Het behandelen van gebruikers als klanten vereist de ontwikkeling van efficiënte agentschappen die diensten distribueren, aangezien de centrale overheid slechts de richtlijnen bepaalt. Deze aanpak, die algemeen aanvaard maar ook vaak bekritiseerd wordt, tracht de bureaucratie en haar eigenaardigheden te overwinnen.

PRAKTISCHE TOEPASSING

Zowel in grote particuliere ondernemingen als bij de overheid proberen managers instrumenten te ontwikkelen om de door Parkinson vastgestelde onderliggende trends te bestrijden.

Bij de overheid zijn deze middelen echter vaak beperkter dan in de particuliere sector. Het statuut beperkt de hiërarchische bevoegdheden: ambtenaren kunnen slechts in uitzonderlijke omstandigheden worden ontslagen en bij de vaststelling van de lonen wordt zelden rekening gehouden met de objectieve elementen van de prestaties. In alle westerse landen hebben recente ontwikkelingen geleid tot een verbetering van de efficiëntie van het openbaar bestuur:

- de ambtenaren beter controleren en zo het effect van de uitbreiding van de arbeidstijd beperken

- vereenvoudiging van administratieve procedures door bureaucratische tendensen tegen te gaan

- beperking van de groei van het personeelsbestand in de overheidsdiensten, onder meer door te streven naar vermindering van het aantal ambtenaren, tegen de voorspellingen van Parkinson over de onvermijdelijke toename van het aantal overheidsambtenaren bij een gegeven snelheid.

ADVIES EN TIPS

Doelstellingen beheren

Veel landen hebben *management by objectives* ingevoerd. Tot het begin van de jaren negentig werd in de nationale begrotingen zelden een verband gelegd tussen doelstellingen en middelen. In de meeste lidstaten van de OESO (Organisatie voor Economische Samenwerking en Ontwikkeling) werden die procedures vervolgens geleidelijk ontwikkeld. In Frankrijk bijvoorbeeld past de organieke wet op de financiële wetten (LOLF), die in 2001 is aangenomen en in 2006 van kracht is gegaan, in die ontwikkeling. De Franse overheid plant de nationale begrotingen per programma, met een versterkte capaciteit om de prestaties ervan te controleren. De wet is dus bedoeld om middelen toe te wijzen om de door de overheid vastgestelde doelstellingen te bereiken, onder toezicht van het parlement. Deze nieuwe procedures hebben tot doel het werk van het ambtenarenapparaat en zijn werknemers beter te organiseren en aldus de door Parkinson geanalyseerde negatieve effecten van de bureaucratie te bestrijden. Er moet een beperkt aantal duidelijke doelstellingen worden vastgesteld zodat deze elkaar niet tegenspreken.

Ontwikkeling van prikkels en controles

Ter ondersteuning van dit *management by objectives* op nationaal niveau is met de betrokkenheid van ambtenaren veel geëxperimenteerd. De werknemers tot meer efficiëntie aanzetten en de controles versterken zijn twee kanten van dezelfde vraag: hoe kan de productiviteit van de overheidsdiensten worden verbeterd?

Denemarken heeft bijvoorbeeld een systeem van contractuele beloning voor ambtenaren ontwikkeld met als doel dat de prestatiebeloning 20% van het salaris bedraagt. Deze beoordeling vindt plaats via een dialoog tussen de werknemer en de leidinggevende, onder toezicht van een vakbondsvertegenwoordiger. Uit een recente herbeoordeling van dit beleid, dat 20 jaar geleden werd ingesteld, blijkt dat de prestatiedoelstellingen beter worden aanvaard wanneer een deel van het salaris ervan afhangt, aangezien de werknemer de indicatoren en evaluatiemethoden begrijpt en ze zich eigen maakt. Andere landen hebben gekozen voor de ontwikkeling van de salarissen van overheidsmanagers, degenen die diensten en agentschappen beheren en die bonussen of promoties ontvangen op basis van het succes van hun teams.

Er moeten nog relevante prestatie-indicatoren worden ontwikkeld. Zij moeten overeenstemmen met de doelstellingen van de openbare dienst, zonder louter telbaar te zijn. Het is moeilijk om de prestaties van een politieagent te meten aan de hand van het aantal uitgeschreven bonnen of arrestaties. Maar hoe kan zijn werk op het gebied van misdaadpreventie worden geëvalueerd? Hoe kunnen we gebeurtenissen meten die niet hebben plaatsgevonden? In alle sectoren, particulier of openbaar, houdt elke evaluatie bovendien het risico in van verduistering door de betrokkenen. De deelnemers zullen een houding aannemen die de indicatoren kan verbeteren, ten nadele van andere aspecten van hun werk die even essentieel zijn maar minder gemakkelijk door indicatoren kunnen worden gemeten. De vaststelling van prestatie-indicatoren om de prestaties geleidelijk aan te toetsen aan de vastgestelde doelstellingen vereist voorzichtigheid en zorgvuldigheid.

Tenslotte kunnen stimulansen en controles worden bemoeilijkt door de status van de overheidsdienst. In landen met een loopbaansysteem kan de onbeweeglijkheid van ambtenaren die in statutaire functies worden benoemd, de totstandbrenging van een echte structuur van individuele en collectieve stimulansen belemmeren.

 ## LOOPBAANSYSTEMEN EN POSITIESYSTEMEN

Er zijn twee soorten van organisatie in de openbare diensten.

In loopbaansystemen treden werknemers in dienst na een examen of een vergelijkend onderzoek. Zij worden onderworpen aan een hiërarchische organisatie, waarbij vooruitgang wordt gekoppeld aan de punten die worden behaald met anciënniteit en inschaling. Werkzekerheid is over het algemeen gegarandeerd.

Omgekeerd vragen positiesystemen om een persoon die het meest geschikt wordt geacht voor een functie, ook al behoort die niet tot de openbare diensten. Dit systeem is flexibeler en staat dichter bij de particuliere arbeidsmarkt.

In Frankrijk bestaan beide systemen naast elkaar. Het ambtenarenapparaat valt onder het loopbaansysteem, terwijl gemeenten meer functioneren als de particuliere arbeidsmarkt, met ambtenaren maar ook met werknemers van buitenaf om bepaalde functies met een tijdelijk contract in te vullen.

Downsizing

De wet van Parkinson is ontstaan in de jaren vijftig, een periode van sterke groei in relatief gesloten economieën waarin noch het gewicht van de overheidsuitgaven noch de concurrentie tussen belastingstelsels nog aanleiding gaven tot discussie. Sindsdien is de situatie veranderd. Vooral sinds de financiële crisis van 2008 zijn de overheidsbegrotingen aangescherpt; de Europese staten willen de uitgaven in de hand houden. Vanaf het begin van de jaren negentig werden belangrijke stabiliseringsmaatregelen genomen en zelfs inkrimpingen van het overheidspersoneel. De cijfers van de OESO wijzen op een relatieve stabiliteit van het aantal ambtenaren in de meeste lidstaten van de organisatie tussen 1991 en 2001. Alleen Luxemburg laat een gemiddelde stijging van 4% per jaar zien. Frankrijk maakte geen deel uit van dit onderzoek.

Er zijn verschillende strategieën toegepast:

* De privatiseringen die sinds de jaren negentig in veel landen zijn doorgevoerd, hebben geleid tot een

verandering van de status van ambtenaren of nieuw aangeworven ambtenaren. Deze vermindering van de overheidsbemoeienis werd bijvoorbeeld in Frankrijk waargenomen bij de privatisering van grote bedrijven zoals France Telecom. Ambtenaren van het ministerie van Post en Telecommunicatie werden geleidelijk vervangen door particuliere werknemers van het bedrijf France Telecom (nu Orange) en de staat heeft nu nog slechts een klein aandeel in het kapitaal.

* Veel landen proberen al enkele jaren het ambtenaren-bestand in toom te houden. Beleid inzake niet-vervanging van functionarissen, pensionering en aanwerving heeft geleid tot stagnatie of zelfs een lichte daling van het aantal ambtenaren.

* Sommige staten hebben de wet van Parkinson duidelijker tegengesproken door een brutaler beleid te voeren waarbij het aantal staatsambtenaren merkbaar is afgenomen. In Duitsland heeft de staat zich in de jaren negentig na de hereniging van het land losgemaakt van een aantal ambtenaren.

Het decentralisatiebeleid creëerde een illusie van aanzienlijke dalingen. Zo is volgens gegevens van de Rekenkamer het aantal ambtenaren in de overheidsdiensten tussen 2000 en 2007 stabiel gebleven, een primeur voor landen als Frankrijk, dat zeer gehecht is aan overheidsinterventie. Maar tegelijkertijd is het aantal werknemers bij gemeenten met 400 000 toegenomen, als gevolg van opeenvolgende decentralisatiemaatregelen waarbij nieuwe verantwoordelijkheden aan lokale overheden zijn overgedragen, waaronder technisch personeel dat belast is met colleges (algemene raden) en middelbare scholen (regionale raden). Het gaat dus meer om een waterbedoperatie dan om een echt beleid voor de stabilisering van het ambtenarenbestand.

- 23 -

CASUS – DE BELGISCHE OVERHEID

België is een interessant voorbeeld van een overheidsdienst die gebaseerd is op een rigide statuut, met een aanzienlijk personeelsbestand van ongeveer 840 000 mensen eind 2013. Met recente hervormingen is getracht de door Parkinson beschreven trend van gestage toename van de inschrijvingen te keren. Het is een manier om te reageren op de economische crisis, maar ook om de erosie van het vertrouwen tussen de overheid en haar burgers te boven te komen. Terwijl de federale staat inspanningen heeft geleverd, heeft de geleidelijke federalisering van het land ertoe geleid dat de gewesten en gemeenschappen hun personeel hebben ontwikkeld om nieuwe taken op zich te nemen, zodat het aantal ambtenaren is blijven toenemen.

DE MODERNISERING VAN DE OPENBARE DIENSTEN

Traditioneel werd het Belgische ambtenarenapparaat gekenmerkt door een geringe mobiliteit van de werknemers, een aanzienlijk loopbaansysteem en een zekere starheid, zoals veel Europese overheidsdiensten. Vanaf de jaren negentig leidde de toenemende last van de overheidsschuld, die in 1993 een piek van 137% van het BBP bereikte, ertoe dat het land probeerde de overheidsdiensten te moderniseren om de kosten laag te houden en tegelijkertijd de efficiëntie te verbeteren. De openbare diensten zijn goed voor ongeveer 17% van het

Belgische BBP, een relatief laag percentage, maar het ziekenhuispersoneel moet hierbij worden opgeteld en is niet opgenomen in de statistische basis.

Op federaal niveau werden programma's voor managementopleiding, loopbaanmobiliteit en verantwoordelijkheid voor leiderschap ingevoerd om de efficiëntie te verhogen en de door Parkinson beschreven buitensporige toename van de werktijd en het aantal ambtenaren te bestrijden. Ook de gewesten en gemeenschappen evolueerden. In Vlaanderen werden ambtstermijnen van zes jaar ingevoerd voor hoge ambtenaren. Het ambtenarenapparaat werd gereorganiseerd in departementen, met grote delegaties aan leidinggevenden. In Wallonië vond een hergroepering plaats en heeft de regionale overheid de operationele functies verder verdeeld over de verschillende departementen.

 **WIST JE DAT?**

De Belgische overheid maakt vaak gebruik van arbeidscontractanten, uitzendkrachten of onderaannemers om specifieke taken uit te voeren, ondanks hun hogere kosten, om de starheid van het openbare bestuur te verminderen. In feite zijn deze medewerkers flexibeler omdat zij niet worden aangesteld.

Om ambtenaar te worden, moeten de kandidaten slagen voor een reeks examens, terwijl voor de selectie van hogere ambtenaren de kandidaten naast de eerste selectie nog een ontmoeting moeten hebben met een tuchtraad die bestaat uit specialisten in de voor de vacatures vereiste vaardigheden, over het algemeen professionals uit de openbare en particuliere sector.

FEDERALISERING BEWIJST UITEINDELIJK PARKINSON'S THEORIE

De federale regering heeft zich ook verbonden aan een beleid van personeelsinkrimping in de Belgische overheidsdiensten. In de budgettaire verbintenissen van het land worden maatregelen genomen om het Europees Stabiliteits- en groeipact te respecteren, wat leidt tot aanzienlijke besparingen op de personeelsuitgaven die voor de jaren 2010 tot 2014 zijn opgesomd. Zij overtreffen de 300 miljoen euro die voor 2013 en 2014 zijn vermeld.

Tegelijkertijd heeft het land zijn federalisering versterkt, waarbij veel verantwoordelijkheden aan lokale en regionale overheden zijn overgedragen. De pogingen om de werkgelegenheid in de overheidssector op het niveau van de federalisering te beperken werden gedwarsboomd door de opkomst van de overheidsdiensten in de gewesten en gemeenschappen. De werkgelegenheid in de federale sector is tussen 2000 en 2010 matig gestegen met in totaal 4,5% (lang niet de door Parkinson verwachte 5 - 6% per jaar). In dezelfde periode steeg ze echter met 20,5% in de gemeenschappen en provincies en met 22,7% in de gewesten. De werkgelegenheid in de overheidssector op alle niveaus groeide tussen 2000 en 2010 sneller dan de totale werkgelegenheid (13,8%

tegenover 9,2%). De onzekerheid van de particuliere markt is ontmoedigend voor kandidaten die op zoek zijn naar werkzekerheid en stabiliteit in hun loopbaan en hun takenpakket.

Dit voorbeeld illustreert de moeilijkheden die landen ondervinden om het aantal overheidsambtenaren te beperken. De erfenis van vroegere wetgeving die nieuwe managementpraktijken met moeite afzwakken, de legitieme verwachtingen van de bevolking ten aanzien van de openbare diensten en de decentralisatie- of federalisatiebeweging die zeer uitgesproken is in België, maar aanwezig is in vele Europese landen waar het lokale niveau wordt gewaardeerd, leiden allemaal tot een moeilijke beheersing van het personeel – om nog maar te zwijgen van het feit dat dit wapen kan worden gebruikt om de werkloosheid te bestrijden. Maar in een tijd waarin de overheidsrekeningen door de Europese Commissie, de Rekenkamer en de financiële markten onder de loep worden genomen en waarin de mondialisering een neerwaartse druk uitoefent op het niveau van de verplichte belastingen door concurrentie te creëren tussen de belastingstelsels in de westerse landen, verschijnt deze kwestie op de politieke en economische agenda. Alle staten proberen de voorspellingen van Parkinson te beperken, met relatief succes.

SAMENVATTING

- De wet van Parkinson voorspelt een evenredige jaarlijkse toename van het aantal ambtenaren met 5,17% tot 6,56%, ongeacht de werklast.

- Cyril Northcote Parkinson baseert zijn redenering op drie veronderstellingen:

  - Een staatsambtenaar zal alle beschikbare tijd gebruiken om zijn werk te voltooien.

  - Een staatsambtenaar zal altijd de voorkeur geven aan ondergeschikten boven collega's, op grond van de logica van loopbaanontwikkeling.

  - Ambtenaren creëren werk voor elkaar.

- De wet van Parkinson is zeer satirisch, maar komt overeen met meer wetenschappelijke theorieën over bureaucratie.

- De wet vestigt de aandacht van de lezer op een belangrijke financiële uitdaging, maar lijkt het aspect personeelsbeheer en efficiëntie volledig te verwaarlozen.

- Tegenwoordig leveren de overheidsdiensten aanzienlijke inspanningen, vooral op het gebied van menselijke hulpbronnen, om hun natuurlijke neiging tot groei te bestrijden, teneinde de overheidsfinanciën en de kwaliteit van de aan de bevolking geleverde diensten onder controle te houden.

VERDER LEZEN

BIBLIOGRAFIE

Demonty, B. (2013). Record de fonctionnaires en Belgique. *Le Soir*. [Online]. [Geraadpleegd op 7 juli 2014]. Beschikbaar op http://www.lesoir.be/160948/article/actualite/belgique/2013-01-14/record-fonctionnaires-en-belgique

OESO. (2005). *Modernisering van de overheid: De weg vooruit*. [Online]. [Geraadpleegd op 7 juli 2014]. Beschikbaar op: http://www.oecd-ilibrary.org/governance/modernising-government_9789264010505-en

OESO. (2007). *Examen van de OESO over het beheer van de menselijke hulpbronnen bij de overheid: België*. [Online]. [Geraadpleegd op 7 juli 2014]. Beschikbaar op: http://www.oecd.org/fr/gouvernance/emploi-public/39375860.pdf

OESO. (2011). *Présentation de l'Étude économique sur la Belgique 2011 : Trois enjeux stratégiques pour la Belgique*. [Online]. [Geraadpleegd op 7 juli 2014]. Beschikbaar op: http://www.oecd.org/fr/belgique/etudeeconomiquedelabelgique2011.htm

Parkinson, C. N. (1983). *De wetten van Parkinson*. Parijs: Robert Laffont.

We horen graag van jou! Laat
een reactie achter op jouw online bibliotheek
en deel je favoriete boeken op social media!

Master ISBN: 9782808063869
Papier ISBN: 9782808064156
Wettelijk depot: D/2022/12603/60

Digitaal ontwerp: Primento,
de digitale partner van uitgevers.